AF602678

LES AMOURS DU PRINTEMPS,

BALLET HEROIQUE,

PRÉPARÉ POUR LE ROY,
Etant à Fontainebleau,
Au mois de Novembre 1737.

DONNÉ PAR L'ACADEMIE ROYALE DE MUSIQUE,
Le Premier jour de l'An 1739.

DE L'IMPRIMERIE
De JEAN-BAPTISTE-CHRISTOPHE BALLARD,
Seul Imprimeur du Roy, & de l'Academie Royale de Musique.

M. DCCXXXIX.
AVEC PRIVILEGE DU ROY.
LE PRIX EST DE XXX. Sols.

ACTEURS CHANTANTS.

FLORE,	Mlle. Eeremans.
IRIS,	Mlle. Fel.
ZEPHIRE,	M^r. Tribou.
LE SOLEIL,	M^r. Jelyote.
EOLE,	M^r. Dun.
UN BERGER,	M^r. Albert.
Deux Suivantes DE FLORE,	Mlles. Coupée & Célime.

Les Chœurs, comme aux CARACTERES DE L'AMOUR, *à la suite desquels, on donne ce nouveau Ballet.*

APROBATION.

J'AY lû par Ordre de Monseigneur le Chancelier, *Les Amours du Printemps*, Ballet Heroïque, représenté devant Leurs Majestez, le septiéme Novembre 1737. A Paris, ce vingt-huitiéme Decembre mil sept cent trente-huit. LA SERRE.

Le Privilege est à la fin des Caracteres de l'Amour.

ACTEURS DANSANTS.

SUITE D'EOLE;

VENTS;

Monſieur Javillier-C.;

Meſſieurs Savar, La Croix, Javillier-3., Matignon, Dumay, Dupré.

SUITE DE ZEPHIRE, ET FLORE;

Monſieur Dupré;

Meſſieurs Dangeville, P-Dumoulin, Hamoche, Theſſier, Malter-L.;

Mademoiſelle Sallé;

Meſdemoiſelles Fremicourt, Dallemand-C., Saint-Germain, Courcelle, Thiery.

LES AMOURS
DU
PRINTEMPS,

BALLET HEROIQUE,

REPRESENTÉ

Devant LEURS MAJESTEZ,

A Fontainebleau, le septiéme Novembre 1737.

DE L'IMPRIMERIE
De JEAN-BAPTISTE-CHRISTOPHE BALLARD,
Seul Imprimeur du Roy pour la Musique.

M. DCCXXXVII.

Par exprès Commandement de Sa Majesté.

ACTEURS DU BALLET.

ZEPHIRE, Le Sr. Jeliotte.

ZEOLE, Le Sr. Chassé.

FLORE, La Delle. Antier.

IRIS, *Nymphe*, La Delle. Eerremans.

BORE'E, Le Sr. Dangerville.

AQUILON, Le Sr. Godonesche.

Iere. ROSE, La Delle. D'aigremont.

IIme. ROSE, La Delle. Godonesche.

LE SOLEIL, Le Sr. le Begue.

ACTEURS DES CHOEURS.

I. DESSUS.
Les Demoiſelles
Du Caillois.
D'aigremont.
Travaux.
Duhamel-C.

II. DESSUS.
Les Demoiſelles
Léner.
Godoneſche.
Camont.
Pitrou.

HAUTECONTRE
Les Sieurs
Leprince.
Lebegue.
Bertrand.
Guedon.

TAILLES.
Les Sieurs
D'aigremont.
Petillot.
Riché.
Filleul.

BASSES.
Les Sieurs
Dangerville.
Godoneſche.
Dubourg.
Ducroc.
Lemanier.
Lejeune.

ACTEURS DANSANTS.

SUITE DE FLORE.

NYMPHES.

La Demoiselle Sallé,
Les Demoiselles St-Germain, Le Duc, Lefebvre.

ZEPHIRS.

Le sieur D-Dumoulin;
Les sieurs F-Dumoulin, P-Dumoulin, Dangeville, Malter-L.

SUITE D'EOLE.

VENTS.

Le Sieur Javillier-L;
Les sieurs Malter-C., Matignon, Dumay, Dupré.

JEUX.

Le sieur Dupré;
Le sieur Malter 3e.

La Musique est du Sieur DE BLAMONT, Sur-Intendant de la Musique du Roy;

Et le Ballet du Sieur BLONDI.

LES

LES AMOURS DU PRINTEMPS,

BALLET HEROIQUE.

Le Theâtre représente un Bocage.

SCENE PREMIERE.

FLORE.

Imerai-je toûjours un infidele Amant !
Helas ! à tout moment
Sa fatale inconstance
Me fait une nouvelle offence,
Et toûjours pour mon cœur c'est un nouveau tourment.

Ingrat Zéphire , aime-moy davantage,
Ou cesse de feindre en aimant ,
Les feux d'un amour trop charmant
Qui me font oublier que ton cœur est volage.

Un grand bruit annonce EOLE.

O Ciel ! Eole est prêt d'arriver en ces lieux !
Fuyons de cette solitude ;
Cherchons Zephire , envain il offense mes feux,
Et cause à mon amour la peine la plus rude.
Quand je vois mon Amant , il enchante mes yeux,
Absent, il est l'objet de mon inquietude :
Un ingrat qui trahit nos vœux ,
Plait, malgré son ingratitude.

Elle sort.

SCENE II.

EOLE.

CRuel Amour ! fatal vainqueur,
Dieu puissant que j'implore,
N'es-tu pas satisfait des tourments de mon cœur?

Cruel Amour ! fatal vainqueur,
Eteins le feu qui me dévore,
Ou rends l'ingrate Flore
Sensible à mon ardeur.

Cruel Amour ! fatal vainqueur,
N'es-tu pas satisfait des tourments de mon cœur?

Non, non, c'est envain que j'espere;
Zéphire est mon rival heureux:
J'ay trop long-temps souffert d'un mépris rigoureux,
N'écoûtons plus que ma juste colere.

Contre Zéphire & Flore irritons les Saisons,
Détruisons leur empire; à leurs ardeurs naissantes,
Opposons des Etés les haleines brûlantes,
Et des cruels Hivers, les vents & les glaçons:

Non, non, c'est envain que j'espere ;
Zéphire est mon rival heureux :
J'ay trop long-temps souffert d'un mépris rigoureux,
N'écoûtons plus que ma juste colere.

Mais j'apperçois Zéphire, Iris est avec lui.
Ah! trahiroit-il aujourd'hui
L'Objet de ma peine cruelle!
Suspendons ma vangeance, écoûtons l'Infidelle,
Son changement peut en ce jour
Me rendre l'esperance, & servir mon amour.

SCENE III.

ZE'PHIRE ET IRIS.

ZE'PHIRE.

Enez charmante Iris, venez dans ce Bocage
Recevoir de mon cœur un éclatant hommage;
Pour le prix de mes feux, puissiez-vous en ce jour
Ne plus douter de mon amour.

IRIS.

Vous offrez à mes yeux une aimable victoire,
Vos regards, vos discours, tout en vous est charmant:
On vous fuiroit mal-aisément,
Si l'on pouvoit vous croire.

ZE'PHIRE.

Quel plaisir prenez-vous à faire mon tourment?

IRIS.

Plaignez-vous au Dieu de Cithere
De ne pouvoir pas me charmer:
Demandez-luy le don d'aimer,
C'est le secret de plaire.

ZE'PHIRE.

Jugez-mieux de mes feux, ô Nimphe trop sévere:
Je jure par l'éclat dont brillent vos beaux yeux,
Que jamais le flambeau des cieux
N'a vû bruler un cœur d'un ardeur plus sincere.

IRIS.

Sur vos sermens, sur vos soins les plus doux,
Un Berger de ces lieux semble avoir l'avantage;
Il ne m'en dit pas tant que vous,
Mais mon cœur le croit davantage.

ZE'PHIRE.

Du plus fidelle amour,
Ingrate! est-ce la le retour?

IRIS.

Envain vous promettez une ardeur éternelle,
Votre cœur si longtems ne sçauroit s'engager:
Laissés à mon Berger
Le soin d'être fidelle,
Contentez-vous du plaisir de changer.

ZE'PHIRE.

Croyés-en mes ſermens, belle Iris, je vous aime,
Jamais tant de beauté n'alluma tant d'ardeur :
L'amour iroit pour moy, vous le jurer lui-même,
Si vous ne l'empêchiez de ſortir de mon cœur.

IRIS.

Jamais je ne vous vis ſi tendre,
Je commence à m'en affliger :
Flore aujourd'huy court un danger
Que ſon amour ne devoit point attendre.

ZE'PHIRE.

Eſt-ce à d'autres qu'à moy que vous devez ſonger ?
Autrefois j'aimay Flore,
Mais c'étoit foiblement :
Sans vous, j'ignorerois encore
Le plaiſir d'aimer conſtament.

IRIS.

Vous devenez trop redoutable,
Zephire, vous voulez me tromper en ce jour.

ZE'PHIRE.

Vous fuyez ! craignez-vous d'aimer à votre tour ?

IRIS.

Déja mon cœur vous trouve aimable,
Peut-être que bientôt il auroit de l'amour.

ZE'PHIRE.

Souffrez qu'à vos genoux le plus fidelle hommage....

IRIS.

O Ciel!

SCENE IV.

ZE'PHIRE, IRIS, FLORE.

FLORE, au fond du Theâtre.

*Ue vois-je? ah! quel outrage!*
Zéphire me trahit!

IRIS, à ZE'PHIRE.

D'où vient ce changement?
Vous vous troublez!

ZE'PHIRE, appercevant FLORE.

On vient dans ce Bocage.

IRIS.

IRIS.

Je conçois les raisons de vôtre étonnement,
Je vous laisse avec Flore : Adieu charmant Zéphire.
Je vais redire à mon Amant
Tout ce qu'à mes genoux, vous venez de me dire.

SCENE V.

ZE'PHIRE ET FLORE.

ZE'PHIRE.

Ue je vous aime tendrement,
Belle & charmante Flore !

FLORE.

Vous osez me le dire encore,
Ingrat !

ZE'PHIRE.

Si je le suis, le crime est d'un moment.

FLORE.

En faut-il plus pour faire un infidele ?

ZE'PHIRE.

Pour rompre une chaîne si belle,

Un seul moment ne suffit pas:
Mais quand on connoît vos appas:
Je sens bien qu'il suffit pour la rendre éternelle.

FLORE.

De ce langage dangereux
Cruel, que pouvez-vous prétendre?

ZE'PHIRE.

Mon cœur ne trahit point vos vœux,
Envain à cent beautez ce cœur voudroit se rendre;
De l'infidelité vous sçavez le défendre,
Il ne me faut qu'un regard de vos yeux.

FLORE.

Les charmes d'un discours si flâteur & si tendre;
Pourroient tromper un cœur trop enchanté de vous;
Mais aux genoux d'Iris je viens de vous surprendre;
Vous ne sçauriez Ingrat, tromper mes yeux jaloux;
Votre bouche lui juroit-elle,
De l'aimer seulement d'une amitié fidelle?

ZE'PHIRE.

Je lui disois que chaque jour
Ses appas allumoient quelque flâme nouvelle:
Peut-on rester près d'une belle,
Sans lui parler un peu d'amour?

FLORE.

A cent beautés vous rendés cet hommage:
Et c'eſt ce qui fait mon malheur.

ZE'PHIRE.

Pour ces Beautés, ce n'eſt qu'un vain langage;
Pour vous, c'eſt un tribut du cœur.

FLORE.

Quelle étrange foibleſſe!
Avec plaiſir j'écoute vos diſcours,
Cruel! vous me trompés ſans ceſſe,
Et mon cœur vous aime toujours.
Vous cherchez à bruler d'une flâme nouvelle?
Je l'apperçois à chaque inſtant:
Mais que ſert à mes yeux de vous voir inconſtant?
Mon cœur pour me trahir vous croit toujours fidelle.

ENSEMBLE.

Rendez-moi votre cœur,
C'eſt le ſeul bien que mon amour implore:
ZEPHIRE. { *J'ay pu bruler d'une* } *volage ardeur;*
FLORE. { *Je vous pardonne une* }
ZEPHIRE. { *Mais je reviens* } *toûjours à Flore.*
FLORE. { *Mais demeurez* }

FLORE.

Nymphes, accourez promptement,
Venez célebrer ma conqueſte:
Jeunes Zéphirs, preparez une feſte
Digne de mon Amant.

Le Theâtre change, & repreſente les Jardins de Flore, préparez pour une Feſte.

SCENE VI.

FLORE, ZE'PHIRE,

Entrée de NYMPHES, de JEUX, & de PLAISIRS de la Suite de FLORE.

Leurs Danſes ſont interrompues par une Symphonie qui annonce EOLE;

Le Theâtre s'obſcurcit.

CHOEUR DES NYMPHES, DES JEUX, ET DES PLAISIRS.

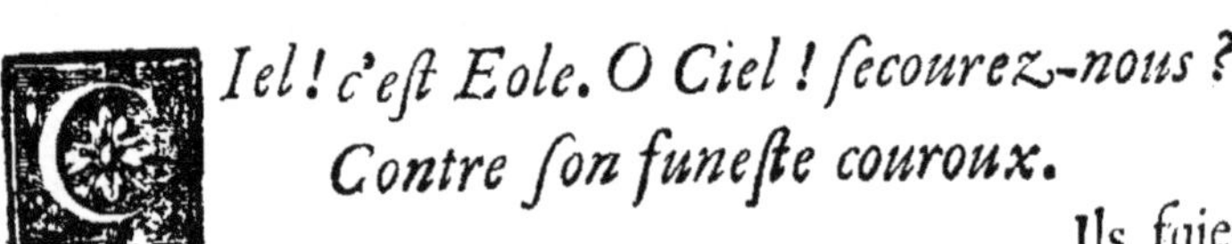

Iel! c'eſt Eole. O Ciel! ſecourez-nous?
Contre ſon funeſte couroux.

Ils fuien

SCENE VII.

EOLE, BORE'E, AQUILON, ZE'PHIRE, FLORE, & les Suivants d'EOLE.

EOLE.

Ve les beaux jours
Finissent!
Que les Amours
Languissent.
Fuyez Zéphirs,
Fuyez Plaisirs,
Mon amour qu'on outrage
Ne respire que rage:
Volez Vents furieux;
Jusqu'au séjour des Dieux,
Portez le trouble & le ravage:
Volez Vents furieux,
Troublez & la terre & les cieux.

AIR pour les Vents.

FLORE.

Dieu cruel, vous causez mes pleurs,
Qu'esperez-vous de vos fureurs?

EOLE.

Mon amour est sans esperance,
Je ne songe qu'à la vangeance.

EOLE, BORE'E, AQUILON,
avec le CHOEUR.

Que les beaux jours
Finissent,
Que les Amours
Languissent,
Fuyez Zéphirs,
Fuyez Plaisirs,
Mon amour qu'on outrage
Ne respire que rage:
Volez Vents furieux;
Jusqu'au séjour des Dieux,
Portez le trouble & le ravage:
Volez Vents furieux,
Troublez & la Terre & les Cieux.

On reprend l'Air des Vents.

On entend une Symphonie qui annonce le Soleil.

SCENE VIII.

LE SOLEIL, & les Acteurs de la Scene précédente.

Le Theâtre s'éclaircit.

FLORE.

LE Dieu du Jour est sensible à nos larmes.

ZE'PHIRE.

Il va par ses rayons dissiper nos allarmes.

LE SOLEIL dans son Char, à EOLE.

Impétueux Tiran des Airs,
Roy des vents, calme enfin ta fureur vagabonde,
Dans tes antres profonds va reprendre tes fers;
Ta rage a trop long-temps troublé la paix du monde,
Fuy, laisse en repos l'Univers.

EOLE.

Soleil, je céde à ton Empire,
Le sort me soûmet à ta loi,
Mais bien-tôt ces lieux pleins d'effroi,
Serviront de théatre au couroux qui m'inspire.

Je vais dans les lointains climats,
Des Hivers rigoureux implorer l'assistance;
J'en reviendray couvert des plus épais frimats:
Soleil, exerce ta puissance,
J'emporte malgré toy l'espoir de la vangeance.

Il sort avec sa Suite.

SCENE IX.

LE SOLEIL, ZE'PHIRE, FLORE, IRIS, Les Jeux & les Plaisirs de leur Suitte.

FLORE, ZE'PHIRE ET IRIS, avec le CHOEUR.

AStre éclatant des Cieux, vive & pure lumiere,
Soleil, ne cesse point de remplir ta carriere;
Adoré des Humains, chéri des Immortels,
Chaque jour, chaque instant t'éleve des autels.

FLORE.

D'un Monstre qu'enfanta la terre,
Ton bras punit le vain effort,
Tes traits à l'égal du Tonnerre,
Des orgueilleux Titans terminerent le sort.
Tu n'es jamais plus fort
Que lorsqu'on te livre la guerre.

CHOEUR.

CHOEUR.

Astre éclatant des cieux, vive & pure lumiere,
Soleil, ne cesse point de remplir ta carriere,
Adoré des Humains, chéri des Immortels,
Chaque jour, chaque instant t'éleve des autels.

ZE'PHIRE.

Tes ennemis vaincus, tu n'as plus de couroux,
Tu rends de tes bienfaits le Ciel même jaloux.

FLORE.

Tu pares l'Univers d'une grace nouvelle;

ZE'PHIRE.

Flore en devient plus belle.

FLORE.

Zéphire en est plus doux.

FLORE, alternativement avec ZE'PHIRE & IRIS.

En marchant sur tes pas, l'Amour te doit encore
Ses succès les plus éclatants;
Chaque jour que tu fais éclore,
Fait renaître un Printemps.

ZE'PHIRE, FLORE & IRIS, avec le CHOEUR.

Astre éclatant des cieux, vive & pure lumiere,
Soleil, ne cesse point de remplir ta carriere,
Adoré des Humains, chéri des Immortels,
Chaque jour, chaque instant t'éleve des autels.

LE SOLEIL, en partant.

Dieux des beaux jours, aimez vos flâmes,
Le plaisir est fait pour vos ames;
Des fruits de vos soupirs, embellissés mon cours:
Brulez d'un ardeur toujours pure,
Dieux charmants, aimez-vous toujours,
Vous étes l'espoir des amours,
Et l'ornement de la nature.

Danse des JEUX, DES ZE'PHIRS ET DES PLAISIRS.

IRIS, alternativement avec le Chœur des NYMPHES.

Ainsi que le Zéphire
Ne regne qu'au Printemps,
Le Dieu qui nous inspire
N'enflâme qu'aux beaux ans.

IRIS.

Quand l'hiver a glacé vos ſens,
Auprès d'une beauté, vainement on ſoupire:
Jeuneſſe, profitez du temps.

CHOEUR des NYMPHES.

Ainſi que le Zéphire
Ne regne qu'au Printemps,
Le Dieu qui nous inſpire
N'enflâme qu'aux beaux ans.

IRIS.

La ſevére Sageſſe
Vous promet d'heureux jours;
Mais tandis qu'elle preſſe
De quitter les Amours,
Sur les aîles de la Jeuneſſe,
Ces Dieux s'envolent pour toûjours.

CHOEUR des NYMPHES.

Ainſi que le Zéphire
Ne regne qu'au Printemps,
Le Dieu qui nous inſpire
N'enflâme qu'aux beaux ans. On danſe.

ZE'PHIRE, à FLORE.

Mon cœur enchanté
A Flore eſt fidele,
Ma fidelité
Augmente ſa beauté:

Si mes feux ſecrets
La rendent plus belle;
Ah! quelle Immortelle
Aura plus d'attraits!

FLORE, à ZE'PHIRE.

Zéphire à mes yeux
Paroît l'Amour même,
Mon cœur l'aime mieux
Que tous les autres Dieux:

Si pour l'enflâmer,
D'une ardeur extrême,
Il faut que je l'aime,
Ah! qu'il va m'aimer!

On danſe.

DEUX ROSES.

Nôtre desir
Est de fixer le Zéphir,
C'est l'excès du plaisir:
Plus aimable que leger,
Il aime à changer,
Pour mieux s'engager;
Un seul instant de ses faveurs
Suffit pour contenter nos cœurs,
Trop heureuses Fleurs
De naître de ses ardeurs!

On danse.

LES DEUX ROSES.

Des tendres cœurs
Les plus charmantes ardeurs
Passent comme les fleurs:
Que de biens, que de beaux jours
On perd pour toûjours,
En changeant d'amours!
Un cœur délicat & constant,
De ses premiers feux est content:
Sous les tendres loix,
On n'aime bien qu'une fois.

 On danse.

ZEPHIRE.

Dans ce beau séjour,
Dans un si beau jour,
Quel cœur peut resister au tendre amour?
L'Enfant de Cypris
Y meine les Ris,
Les plaisirs charmants,
Y comblent mille Amants,
L'austere fierté
Céde à la volupté;
Pour se rendre heureux
Tout devient amoureux:

Insensibles cœurs
Qui craignez les larmes,
Goutez les douceurs
Des tendres ardeurs;
L'empire des Fleurs,
Sans l'amour, est sans charmes
Les Cieux à ses traits
Doivent tous leurs attraits;
Cedez, cedez tous,
Quel sort est plus doux?
L'inconstant Zéphire,
Pour Flore soupire,

Heureuses amours,
Durez toûjours :
Chantez-tous, Zéphirs,
Chantez mes plaisirs ;
D'un bonheur si doux,
Rendez les Dieux jaloux.

IRIS.

Chantez-tous les amours de Flore,
Chantez ses plaisirs,
Chantez Zéphirs :
De l'Amant que son cœur adore,
Célébrez l'ardeur
Et le bonheur.

CHOEUR des ZE'PHIRS, des NYMPHES, des JEUX, & des PLAISIRS.

Chantons-tous les amours de Flore,
Chantons ses plaisirs,
Chantez Zéphirs :
De l'Amant que son cœur adore,
Célébrons l'ardeur
Et le bonheur.

IRIS, ET LES DEUX ROSES.

Que leurs vœux,
Et que leurs feux
Soient le seul objet de vos jeux.

CHOEUR.

Doux transport,
Trop heureux sort,
Tendres moments,
Redoublez encore vos enchantements,
Non : pour eux jamais de tourments.

IRIS.

Chantez-tous
Des plaisirs si doux,
Que l'Echo des bois
S'unisse à vos voix.

LES ROSES.

Dans les airs
Que vos concerts,
Avec vous charment l'Univers.

TOUS.

Vole charmant Amour,
Descends avec ta cour,
Enfant de Cythere,
Viens avec ta mere,
Regne dans ce séjour.

On danse, & l'on reprend le CHOEUR.

FIN DU BALLET.

www.ingramcontent.com/pod-product-compliance
Ingram Content Group UK Ltd.
Pitfield, Milton Keynes, MK11 3LW, UK
UKHW022008260726
13994UKWH00004B/1988